ORDONNANCE DU ROI

ET

RÈGLEMENT

CONCERNANT

LA BIBLIOTHÈQUE ROYALE.

ORDONNANCE DU ROI.

LOUIS-PHILIPPE, Roi des Français,

A tous présents et à venir, SALUT.

Vu l'article 2 de la loi du 25 vendémiaire an IV (17 octobre 1795), qui confie l'administration de la bibliothèque royale à un conseil composé de huit conservateurs de cet établissement, et fixe à quatre le nombre des départements qui forment la bibliothèque;

Vu les arrêtés et décisions qui, depuis l'époque où cette loi a été rendue jusqu'en 1828, en ont modifié les dispositions administratives et réglementaires;

1

Vu l'article 1er de l'ordonnance du 2 novembre 1828, qui crée un cinquième département, celui des cartes géographiques et plans, et réduit les conservateurs au nombre de cinq;

Vu le rapport rédigé par M. Prunelle, membre de la chambre des députés, au nom d'une commission chargée d'examiner le régime actuel des bibliothèques de Paris, et présidée par feu le baron Cuvier; rapport dans lequel, en ce qui concerne la bibliothèque royale, est exprimé le vœu que le nombre des départements soit réduit à quatre, et que celui des médailles et autres antiques soit confié à deux conservateurs, selon le vœu de la loi; que le département des cartes et plans soit réuni à celui des estampes, et que deux conservateurs en soient chargés; que les conservateurs adjoints aient une part dans l'administration, et que les droits des employés soient mieux garantis;

Considérant que, depuis l'époque où la bibliothèque a commencé d'être régie par la loi de l'an IV, elle a reçu dans toutes ses parties des accroissements très-considérables; que le département des imprimés, entre autres, a été porté de 120,000, à plus de 600,000 volumes; que le service public en est devenu beaucoup plus difficile, et les travaux intérieurs beaucoup plus étendus et compliqués;

Considérant que, dans les modifications apportées par l'ordonnance du 2 novembre 1828 à l'organisation de la bibliothèque royale, il n'a pas été tenu assez de compte de ces faits, et des besoins nouveaux qui en résultent;

Considérant que l'administration de la bibliothèque, telle que l'a constituée la loi du 25 vendémiaire an IV, présente des avantages maintenant reconnus, qu'il importe de conserver; mais que cette administration collective, isolée dans ses actes, dépourvue d'unité de direction, disposant de l'avancement des fonctionnaires, des logements qui leur sont accordés, des fonds portés au budget de la bibliothèque, des objets mêmes qui font partie des dépôts, a donné lieu à des abus contre lesquels la responsabilité de notre Gouvernement n'est point à couvert, et dont il est nécessaire de prévenir le retour;

Voulant entrer dans les dispositions essentielles de la loi, et conserver à l'administration le caractère fondamental qu'elle lui a donné, en y introduisant d'ailleurs les perfectionnements qu'ont réclamés les hommes les plus éclairés, et qu'exige l'état actuel de ce vaste dépôt; voulant en outre garantir les droits des fonctionnaires de la bibliothèque, et leur fournir le moyen d'arriver au rang de conservateurs;

Voulant enfin imprimer à tous les travaux une activité nouvelle, et, en investissant le président du conservatoire d'attributions plus étendues et qui le placent dans un rapport plus immédiat avec l'autorité supérieure, assurer à la fois son influence et sa responsabilité, et donner ainsi à l'administration générale l'ensemble et l'unité qui lui ont souvent manqué;

Sur le rapport de notre ministre secrétaire d'état au département de l'instruction publique,

Nous avons ordonné et ordonnons ce qui suit:

Article premier.

La bibliothèque royale est composée de quatre départements:

1° Des livres imprimés;

2° Des manuscrits, chartes et diplomes;

3° Des monnaies, médailles, pierres gravées et autres monuments antiques;

4° Des estampes, cartes géographiques et plans.

La division en sections, restreinte jusqu'ici au deuxième département, est étendue à tous les autres.

Chaque département est confié à autant de conservateurs qu'il renferme de sections, et à un ou plusieurs conservateurs-adjoints, dont le nombre cependant ne peut dépasser celui des sections du département auquel ils appartiennent.

Le nombre des sections est fixé à deux pour le premier, le troisième et le quatrième département, à trois pour le deuxième.

Art. 2.

Les conservateurs composent le conseil d'administration, qui garde le titre de *Conservatoire de la Bibliothèque royale*.

Les conservateurs-adjoints prennent part aux délibérations du conservatoire avec voix consultative.

En l'absence des conservateurs du département auquel ils appartiennent, ils peuvent avoir voix délibérative; mais il faut qu'ils y soient autorisés par une décision du ministre, rendue sur la proposition du conservatoire.

Art. 3.

Le conservatoire a la police générale de l'établissement, la présentation aux places de conservateurs, par une liste de trois candidats, dont l'un au moins doit être pris parmi les conservateurs-adjoints ou employés définitifs, et à celles de conservateurs-adjoints, par une liste de deux candidats, dont l'un au moins doit être un employé définitif.

Il a, de plus, la nomination aux emplois inférieurs, d'après les formes indiquées ci-après.

Il dispose en outre des fonds attribués à la bibliothèque, soit par la loi des finances, soit par décisions particulières du ministre.

Art. 4.

Le conservatoire est présidé par un directeur, que le ministre choisit sur une liste de trois candidats présentés par le conservatoire, et tirés de son sein.

Les fonctions du directeur durent cinq ans ; il peut être toujours réélu.

Art. 5.

Le directeur a la surveillance générale de toutes les parties de l'administration et du service des départements. Il convoque le conservatoire quand il le juge convenable. En cas de partage, sa voix est prépondérante. Il correspond avec le ministre, soit en son propre nom, soit au nom du conservatoire, pour tous les besoins du service. Lorsqu'il transmet au ministre les décisions et demandes du conservatoire, il y joint son avis particulier.

Il adresse au ministre tous les six mois, et plus souvent s'il est nécessaire, un rapport sur toutes les parties du service et sur l'état des bâtiments ; il y propose les améliorations et les réformes qui lui paraissent utiles. En cas d'urgence, il est autorisé à donner provisoirement les ordres qu'il croit nécessaires, sauf à en rendre compte, soit au ministre, soit au conservatoire.

Toutes les dépenses de chaque département discutées dans le conservatoire sont soumises à son visa.

Art. 6.

Le bureau du conservatoire est composé, outre le directeur, président, d'un vice-président et d'un secrétaire.

Le conservatoire les choisit dans son sein chaque année. Le vice-président peut être réélu pour une année seulement; le secrétaire peut être toujours réélu.

En cas d'empêchement de la part du directeur, le vice-président le remplace dans la présidence du conservatoire; mais il ne peut le remplacer dans les autres fonctions attachées au titre de directeur, que par une délégation expresse du ministre.

Le secrétaire rédige les procès-verbaux des délibérations du conservatoire, et assure leur transcription sur un registre, après que leur rédaction a été approuvée par le conservatoire. Ces procès-verbaux sont signés par le directeur et le secrétaire.

Un des conservateurs-adjoints est choisi par le ministre pour remplir les fonctions de trésorier : il fait dresser les états de comptes, reçoit les fonds nécessaires, effectue les payements.

Ses fonctions durent cinq ans : il peut être réélu.

Art. 7.

Chaque conservateur présente au conservatoire un certain nombre d'employés admis en qualité de *surnuméraires*; après les épreuves convenables, ces surnuméraires sont agréés par le conservatoire en qualité d'*auxiliaires* : alors ils reçoivent un traitement. Parmi eux sont pris, dans un concours (dont les conditions seront déterminées), les employés, dont la nomination est soumise à l'approbation du ministre; une fois cette formalité remplie, ils ne peuvent être révoqués que par le ministre, sur le rapport du conservatoire.

ART. 8.

Notre ministre de l'instruction publique est chargé de faire tous les règlements nécessaires en ce qui concerne l'administration générale et la police intérieure de l'établissement; il demeure en outre chargé de l'exécution de la présente ordonnance.

Fait à Paris, le 14 novembre 1832.

Signé **LOUIS-PHILIPPE.**

Par le Roi :

Le Ministre Secrétaire d'état au département de l'instruction publique.

Signé **GUIZOT.**

RÈGLEMENT.

LE MINISTRE SECRÉTAIRE D'ÉTAT AU DÉPARTEMENT DE L'INSTRUCTION PUBLIQUE,

Vu l'article 8 de l'ordonnance royale du 14 novembre 1832;

Vu le projet de règlement présenté par le conservatoire de la bibliothèque royale;

ARRÊTE:

TITRE PREMIER.

ADMINISTRATION.

CHAPITRE PREMIER.

PERSONNEL DE L'ADMINISTRATION.

ARTICLE PREMIER.

La bibliothèque royale est divisée en quatre départements :

1° Des livres imprimés ;

2° Des manuscrits, chartes et diplomes;
3° Des médailles, pierres gravées et antiques;
4° Des estampes, cartes géographiques et plans.

ART. 2.

Les départements sont divisés en sections, fixées à deux pour les 1er, 3e et 4e départements ; à trois, pour le 2e. Il y a dans chaque département autant de conservateurs que de sections : il peut y avoir un ou plusieurs conservateurs-adjoints ; mais, dans aucun cas, ils ne peuvent excéder le nombre des sections du département auquel ils appartiennent.

ART. 3.

Les conservateurs composent le conseil d'administration de la bibliothèque ; ce conseil porte le titre de CONSERVATOIRE.

ART. 4.

Les conservateurs-adjoints prennent part aux séances du conservatoire avec voix consultative.

ART. 5.

En l'absence des conservateurs d'un département, les conservateurs-adjoints peuvent avoir voix délibérative, mais ils doivent y être autorisés par une décision du ministre sur la proposition du conservatoire.

ART. 6.

Le conservatoire forme dans son sein un bureau composé du directeur-président, d'un vice-président et d'un secrétaire.

Art. 7.

Le vice-président et le secrétaire sont élus à la majorité des suffrages dans la première séance de l'année; le vice-président peut être réélu pour une année seulement; le secrétaire est toujours rééligible.

Art. 8.

Le directeur notifie les décisions du conservatoire à ceux qu'elles concernent, et exerce les autres fonctions que lui confère l'article 5 de l'ordonnance du 14 novembre 1832. Il est aussi chargé de surveiller la comptabilité, la rentrée des fonds et les payements.

Art. 9.

Le vice-président préside le conservatoire en l'absence du directeur, dans les limites déterminées par le troisième paragraphe de l'article 6 de ladite ordonnance.

Art. 10.

Le secrétaire tient un procès-verbal de chaque séance du conservatoire, et le fait transcrire sur un registre à cet usage après qu'il a été approuvé par le conservatoire. Les procès-verbaux sont signés du directeur et du secrétaire.

Art. 11.

Les lettres que le président écrit comme organe du conservatoire, soit au ministre, soit à des particuliers, sont transcrites sur un registre de correspondance sous la surveillance du secrétaire.

Art. 12.

Le conservateur-adjoint chargé des fonctions de trésorier dresse les états de comptes, reçoit les fonds et effectue les payements.

Art. 13.

Les logements particuliers disponibles dans les bâtiments de la bibliothèque sont répartis entre les conservateurs d'après le rang d'ancienneté, par décision du ministre, sur l'avis du conservatoire.

Art. 14.

Les conservateurs-adjoints et les employés peuvent être aussi logés dans lesdits bâtiments. L'affectation des logements vacants est déterminée par le ministre sur la proposition du conservatoire, d'après le grade, l'ancienneté, l'utilité et la nature des services.

CHAPITRE II.

DISPOSITIONS GÉNÉRALES.

Art. 15.

Le conservatoire s'assemble une fois par semaine à l'issue de la séance de la bibliothèque. En cas d'urgence, le directeur-président le convoque extraordinairement.

Art. 16.

Le conservatoire ne peut délibérer qu'autant que la moitié, plus un, de ses membres sont présents.

Art. 17.

En cas d'absence de tous les conservateurs d'un département, le conservatoire ajourne toute décision qui intéresse ce département; et si l'absence se prolongeait, il y serait pourvu conformément à l'article 2 de l'ordonnance du 14 novembre 1832.

Art. 18.

Les conservateurs, dans leur département respectif, ont la police intérieure et la surveillance générale du service; ils prescrivent aux conservateurs-adjoints et aux employés les travaux qu'ils jugent nécessaires.

Art. 19.

Dans les départements où le prêt est permis, les conservateurs sont personnellement responsables des objets appartenant à la bibliothèque, qui auraient été prêtés au dehors, et qui viendraient à se perdre parce que les formalités auxquelles ce prêt est soumis n'auraient pas été observées. Cette responsabilité s'exercera après une expertise de la valeur desdits objets faite en conservatoire et approuvée du ministre.

Art. 20.

Il est interdit aux conservateurs de faire des collections d'objets rares dans le genre de ceux qui appartiennent au département qui leur est confié.

Art. 21.

Aucun des employés ou auxiliaires ne peut être desti-

tué qu'après avoir été invité à fournir ses moyens de dé-
fense. Si le conservatoire prononce la destitution, sa
décision est soumise à l'approbation du ministre.

Art. 22.

Cependant, si l'un des employés se rendait coupable
d'une faute grave, les conservateurs dont il dépend peuvent lui interdire provisoirement l'entrée du dépôt; mais
ils en rendent compte au conservatoire dans une séance
convoquée à cet effet.

Art. 23.

Les surnuméraires ne peuvent être révoqués que par
le conservatoire, sur l'avis motivé des conservateurs du département auquel ils appartiennent.

Art. 24.

Tous les objets qui entrent dans la bibliothèque royale,
soit à titre de présent, soit à titre d'acquisition, sont inscrits dans chaque département sur un registre unique-
ment consacré à cet usage, et destiné à servir, en cas de
besoin, de pièce justificative.

Art. 25.

Tout livre, tout manuscrit, toute pièce de musique,
estampe et carte qui entre dans la Bibliothèque royale, doit
être estampillé dans le plus bref délai.

CHAPITRE III.

DÉPENSES, ACHATS, ÉCHANGES, ETC.

Art. 26.

Il n'est fait aucune dépense dans un département sans

qu'elle ait été discutée et autorisée par le conservatoire, et visée par le directeur.

ART. 27.

Les états des dépenses, discutées et autorisées, sont soumis à l'approbation du ministre.

ART. 28.

Lorsque les conservateurs croient devoir proposer d'acquérir des objets rares ou utiles, qui manquent à leur département, ils accompagnent leur proposition de tous les détails nécessaires sur la nature, l'importance, le nombre et le prix de ces objets.

Le conservatoire discute la convenance de l'acquisition, et, s'il l'approuve, il autorise les conservateurs à la faire, à des conditions déterminées.

ART. 29.

Quant aux livres imprimés, indépendamment des propositions isolées que les conservateurs de ce département peuvent être dans le cas de faire pour l'achat d'un livre rare ou utile, ils présentent au conservatoire, dans la première séance de chaque trimestre, une liste d'ouvrages importants, soit anciens, soit nouveaux, qui manquent à la bibliothèque. Cette liste discutée, et augmentée de tous les ouvrages qui seraient proposés par d'autres membres, est définitivement arrêtée, et les conservateurs font les diligences nécessaires pour se procurer les livres qui y sont portés. La liste de ceux qu'on n'a pu acquérir dans le cours du trimestre est reproduite le trimestre suivant et combinée avec la liste nouvelle.

3.

Art. 30.

Aucun échange ne peut avoir lieu avant que les conservateurs du département que cet échange intéresse en aient fait leur rapport au conservatoire, dont l'avis motivé est transmis au ministre. L'échange ne s'effectue que sur l'autorisation préalable du ministre.

Art. 31.

Il est dressé un état général du mobilier de la bibliothèque. Cet état est revu tous les ans, et l'on y marque les changements survenus dans le cours de l'année.

Art. 32.

Les conservateurs, dans leur département respectif, surveillent l'entretien du mobilier, et font au directeur les demandes de réparations ou d'augmentations nécessaires.

TITRE II.

SERVICE PUBLIC.

CHAPITRE PREMIER.

DISPOSITIONS GÉNÉRALES.

Art. 33.

Le service public de la Bibliothèque royale comprend :
1° La lecture et l'étude à l'intérieur;
2° Le prêt au dehors;
3° La visite dans un but de curiosité.

Art. 34.

Tous les jours, excepté les dimanches et fêtes, la Bibliothèque est ouverte pour l'étude, de dix heures à trois
heures, en toute saison.

Art. 35.

La conservation et la bonne tenue des objets qui forment les quatre départements de la bibliothèque exigeant
des soins particuliers et des travaux intérieurs incompa-
tibles avec le service public, il est pris un temps, à deux
époques de l'année, pour faire une revue générale des
objets, pour battre, épousseter les livres, intercaler les
nouvelles acquisitions, recoller les estampes, etc. En con-
séquence, la bibliothèque est fermée : 1° pendant la quin-
zaine de Pâques; 2° depuis le 1er septembre jusqu'au
15 octobre inclusivement.

Art. 36.

Dans les départements où le public n'est pas admis
indistinctement les jours consacrés au travail, les membres
des deux Chambres et ceux de l'Institut sont admis en se
faisant connaître.

Art. 37.

Dans chaque département il sera établi, à mesure que
les localités le permettront, une salle d'étude où les travailleurs seuls seront admis.

Art. 38.

Les objets dont se compose chaque département ne
seront communiqués que dans cette salle.

Art. 39.

Les personnes admises les jours de travail ne doivent ni se promener, ni causer, ni rien faire qui puisse distraire les travailleurs.

Art. 40.

Il leur est interdit de prendre elles-mêmes dans les armoires, tablettes ou portefeuilles, les objets qu'elles désirent avoir, et d'en faire la recherche dans les catalogues, inventaires ou bulletins.

Art. 41.

Il est également interdit de prendre les objets déposés sur les bureaux des conservateurs ou des employés.

Art. 42.

Une demi-heure avant la clôture, on ne communique plus rien.

Art. 43.

Les travailleurs sont tenus de placer le papier sur lequel ils écrivent ou dessinent, à côté du manuscrit, du livre ou du portefeuille qui leur est communiqué.

Art. 44.

Personne ne sort de la bibliothèque avec un livre, un cahier de croquis ou un portefeuille, sans avoir pris un *laissez passer*, qu'on délivre après s'être assuré qu'ils ne contiennent rien qui appartienne à l'un des dépôts.

ART. 45.

On n'entre point dans les salles avec de la lumière, excepté dans le cas où la sûreté de l'établissement pourrait être compromise.

CHAPITRE II.

LECTURE ET ÉTUDE À L'INTÉRIEUR.

§ 1. *Imprimés.*

ART. 46.

La *salle de lecture* contient un choix d'ouvrages, qui comprend les dictionnaires de toute espèce; les meilleures éditions et traductions des auteurs classiques anciens et modernes; les traités élémentaires et généraux de toutes les sciences; les œuvres complètes des principaux polygraphes dans toutes les langues; les meilleurs ouvrages d'histoire ancienne et moderne, générale et particulière; les principaux voyages dans les diverses parties du monde; les collections académiques, les meilleurs recueils périodiques littéraires et scientifiques, français et étrangers.

ART. 47.

Les romans, les pièces de théâtre détachées, les ouvrages de littérature légère ou frivole, les brochures politiques ou de circonstance ne font point partie de la bibliothèque de la salle de lecture. On ne communique ces ouvrages qu'à ceux qui les demandent pour un travail littéraire ou historique dont ils indiquent l'objet aux conservateurs.

Art. 48.

Les enfans au-dessous de 15 ans sont admis dans la salle de lecture en produisant un bulletin portant leur nom et leur adresse, délivré et signé soit par un de leurs parents, soit par un chef d'établissement d'instruction publique, qui garantissent que les livres peuvent être communiqués avec confiance.

Art. 49.

Les jeunes gens entre 15 et 20 ans sont admis avec un bulletin du même genre, ou seulement avec leur carte d'admission à quelque école spéciale.

Art. 50.

A l'entrée de la salle de lecture, est un bureau où chacun, après avoir consulté le conservateur s'il le juge nécessaire, est tenu d'écrire sur un feuillet de papier tout préparé, un bulletin portant son nom, son adresse et le livre qu'il désire.

Art. 51.

Ce bulletin numéroté est gardé par le conservateur, et n'est remis au lecteur que quand celui-ci rapporte le livre au bureau, et après vérification faite de l'état dans lequel il le rend.

Art. 52.

En sortant de la salle, on remet au gardien de la porte le bulletin qui a été rendu, ce qui garantit que les livres prêtés ont été remis au bureau du conservateur.

ART. 53.

En règle générale, on ne communique qu'un ouvrage
à la fois ; les conservateurs sont juges des cas d'exception.

ART. 54.

Des tables particulières sont affectées à la lecture des
livres à figures, rares et précieux. Sur cette table l'usage
de l'encre est interdit. Les extraits de textes ou les copies de gravures ne peuvent se faire qu'au crayon et sans
l'emploi de la mie de pain.

ART. 55.

D'autres tables particulières sont affectées à la lecture
des recueils périodiques, des journaux littéraires et
scientifiques.

ART. 56.

Lorsqu'un livre demandé n'est point dans la salle de
lecture, les conservateurs font passer le bulletin au conservateur-adjoint ou à l'employé chargé de la partie de
la bibliothèque dans laquelle l'ouvrage doit se trouver.

ART. 57.

Un quart d'heure avant la clôture, tous les employés
répartis entre les diverses sections du département des
imprimés se réunissent dans la salle de lecture autour
du bureau des conservateurs, pour les aider dans la remise
des bulletins et la vérification de l'état des livres rendus.

§ II. *Manuscrits.*

Art. 58.

A moins d'une autorisation expresse accordée par le ministre de l'instruction publique, de l'avis du conservatoire, nul manuscrit ne pourra être consulté que sur place et, si le cas l'exige, en la présence d'un des conservateurs ou d'un employé désigné par lui.

Art. 59.

Les employés n'ouvrent aucune armoire sans l'autorisation des conservateurs.

Art. 60.

Le calque et l'emploi des couleurs sont interdits sans exception.

Art. 61.

Les manuscrits de la bibliothèque royale étant la propriété de l'État, qui s'est réservé les droits assurés par le décret du 1er germinal an XIII aux propriétaires d'ouvrages posthumes, nul ne peut copier, publier, ni faire imprimer aucun des manuscrits sans une autorisation expresse du Gouvernement.

Ceux qui voudront obtenir cette autorisation adresseront leur demande au conservatoire, qui la transmettra, avec son avis, au ministre de l'instruction publique.

Art. 62.

Pour les extraits d'un manuscrit, ou la copie de quelques portions ou passages seulement, il suffira de l'auto risation des conservateurs, qui pourront, s'ils le jugent à propos, en référer au conservatoire.

§ III. *Médailles,* etc.

Art. 63.

Les jours de travail, le cabinet est ouvert pour les personnes qui auraient à y faire des recherches ou des études spéciales. Pour y être admises, elles adressent, la veille, à l'un des conservateurs, un bulletin portant leur nom, leur adresse, et l'indication de la classe de monuments qu'elles veulent consulter. Ce bulletin est déposé au cabinet, et le lendemain ces personnes sont admises en présentant un bulletin semblable à celui qu'elles ont adressé la veille.

Art. 64.

Les médailles, pierres gravées et autres objets faisant partie du cabinet, ne sont communiqués qu'en présence et sous l'inspection d'un conservateur ou d'un employé.

Art. 65.

On ne communique à la fois qu'une seule tablette de médailles, et, autant que possible, qu'un seul des autres objets de la collection.

Art. 66.

Aucune des personnes attachées au département ne peut copier ou faire copier, dessiner ou mouler les objets qu'il contient sans l'agrément des conservateurs, qui en référeront, s'ils le jugent à propos, au conservatoire.

§ IV. *Estampes, Cartes et plans.*

SECTION DES ESTAMPES.

Art. 67.

On n'est admis, les jours de travail, qu'au moyen d'une carte délivrée par le conservateur.

Art. 68.

Celui qui désire obtenir cette carte en fait la demande par écrit, en indiquant son nom, son adresse, le genre d'étude auquel il se livre, ou l'artiste dont il fréquente l'atelier.

Les noms des personnes qui l'ont obtenue sont inscrits sur un registre particulier.

Les cartes sont personnelles : elles seront retirées à celui qui les prêterait ou qui ferait un mauvais usage des objets communiqués.

Art. 69.

Il est expressément interdit de calquer.

L'usage de l'encre et des couleurs est également interdit.

Art. 70.

On ne communique aucune collection de gravures avant qu'elle ait été assemblée et reliée.

SECTION DES CARTES GÉOGRAPHIQUES ET PLANS.

Art. 71.

Le public est admis librement dans les salles pour con-sulter les cartes, plans et collections géographiques.

ART. 72.

Les travailleurs peuvent être admis à calquer avec l'autorisation du conservateur, à la condition de se servir du crayon et de n'employer que du papier végétal, à la gélatine ou de glace, et non du papier gras ou huilé.

ART. 73.

Il est interdit de placer le compas sur les cartes géographiques.

CHAPITRE III.

PRÊT AU DEHORS.

ART. 74.

On ne prête au dehors aucun des objets appartenant aux départements des médailles, et des estampes, cartes et plans.

ART. 75.

Dans le département des manuscrits, on ne prête aucun de ceux qui sont remarquables par leur ancienneté, leur importance ou leur rareté.

ART. 76.

Dans le département des imprimés, les ouvrages formant la bibliothèque de la salle de lecture, les livres rares, de luxe ou à figures, les éditions du quinzième siècle, les livres sur vélin ou sur grand papier, ceux dont les reliures sont précieuses ou remarquables, les collections ou parties de collection considérables, ne sont jamais prêtés au dehors.

Art. 77.

Les journaux littéraires et scientifiques ne sont prêtés qu'après avoir été réunis par volume ou par année, et reliés.

Art. 78.

Aucun livre, journal ou pièce de musique n'est prêté avant d'avoir été estampillé, et, sauf de rares exceptions dont les conservateurs sont juges, avant d'avoir été inscrit au catalogue.

Art. 79.

Les objets des départements où le prêt est permis ne sont prêtés qu'à des personnes d'une solvabilité notoire, connues pour se livrer à des travaux utiles, et qui, présentées par les conservateurs et agréées par le conservatoire, ont été inscrites sur un registre particulier, avec indication de leurs nom, profession et demeure.

Art. 80.

Tout ouvrage imprimé ou manuscrit prêté est inscrit sur deux registres, disposés par ordre alphabétique, l'un pour les noms des auteurs ou les titres d'ouvrages, l'autre pour les noms des emprunteurs.

Art. 81.

Les conservateurs détermineront le temps pendant lequel les livres ou les manuscrits seront prêtés. Il en est fait mention sur le registre à l'article du prêt.

Art. 82.

Les conservateurs ont toujours le droit de les faire rentrer sur-le-champ, quand l'intérêt de la science ou du service l'exige, sauf à les prêter de nouveau. Quiconque ne répondrait pas à leur appel serait privé de l'avantage du prêt pendant un temps plus ou moins long, au jugement du conservatoire.

Art. 83.

Les personnes inscrites sur le registre, qui désirent emprunter un livre, remettent la veille, dans une boîte destinée à cet usage, un bulletin portant leur nom, leur adresse, et le titre de l'ouvrage qu'elles demandent. Le lendemain, les livres sont remis, soit à l'emprunteur, qui signe le registre, soit à un tiers, qu'il aura autorisé par écrit à signer le récépissé pour lui; leur bulletin reste déposé comme pièce justificative pour être rendu lorsqu'on rapporte l'ouvrage, et après vérification faite de l'état de conservation de cet ouvrage.

Art. 84.

Ceux qui ne peuvent rendre les livres qui leur ont été prêtés, ou qui ne les rendent qu'en mauvais état, sont tenus de les remplacer à leurs frais.

Art. 85.

Les savants étrangers, pendant leur séjour à Paris, ne peuvent emprunter ni livres ni manuscrits que sous la caution formelle et par écrit de l'ambassadeur, du ministre ou du consul du pays auquel ils appartiennent, ou d'après une recommandation expresse du ministre des affaires étrangères.

Art. 86.

Il n'est prêté à la même personne qu'un seul volume manuscrit à la fois. Les conservateurs du département des manuscrits sont juges des cas d'exception.

Art. 87.

Tous les manuscrits, sans exception, prêtés, et depuis quelque époque qu'ils l'aient été, doivent être remis, ou au moins représentés, chaque année, pour l'époque des vacances, c'est-à-dire avant le 1er septembre.

Art. 88.

Toutes les personnes attachées à la bibliothèque royale sont également soumises aux dispositions qui règlent le prêt au dehors.

CHAPITRE IV.

VISITE DES COLLECTIONS DANS UN BUT DE CURIOSITÉ.

Art. 89.

Le public est admis indistinctement à visiter les collections le mardi et le vendredi de chaque semaine.

Art. 90.

Il n'est point admis dans les salles d'étude, exclusivement destinées aux travailleurs.

Art. 91.

Dans les salles où il est admis, on n'ouvre aucune armoire, on ne communique aucun des objets qu'elles contiennent.

Art. 92.

On empêche qu'il ne se forme devant les armoires ou les montres vitrées aucun rassemblement qui puisse en interdire la vue au reste du public, ou favoriser de mauvaises intentions.

ART. 93.

Dans le département des estampes, jusqu'à ce que le local permette d'y établir une salle où sera exposée une suite des plus belles gravures rangées par ordre chronologique, et formant une histoire de l'art, et en outre ; une salle d'étude où les travailleurs seuls seront admis, on continuera de communiquer aux curieux, les jours publics, les portefeuilles et collections que possède le département.

TITRE III.

EMPLOYÉS, AUXILIAIRES ET SURNUMÉRAIRES.

CHAPITRE PREMIER.

LEURS FONCTIONS.

ART. 94.

Dans chaque département les employés, auxiliaires et surnuméraires sont placés sous l'autorité immédiate des conservateurs.

ART. 95.

Ils sont tenus de se rendre régulièrement à leur poste tous les jours avant l'ouverture de la séance, et d'y rester jusqu'à la fin.

ART. 96.

Ils ne peuvent s'absenter sans la permission d'un des conservateurs de leur département respectif : s'ils sont retenus

pour cause de maladie, ou par tout autre empêchement lé-
gitime, ils doivent leur en donner avis.

Art. 97.

Il est tenu dans chaque département un registre de
présence sur lequel les employés, les auxiliaires et les surnuméraires, à mesure qu'ils arrivent, inscrivent leurs
noms.

Art. 98.

Ce registre est clos à 10 heures par un des conservateurs. Un relevé nominatif est mis tous les trois mois
sous les yeux du conservatoire.

Art. 99.

Ils s'occupent exclusivement de ce qui concerne leur
service; pendant la durée des séances, ils s'abstiennent de
tout travail qui y serait étranger.

Art. 100.

Ils sont chargés de faire observer les articles de police
intérieure détaillés au titre précédent, et spécialement de
surveiller avec la plus grande attention les personnes auxquelles il a été confié quelque livre, recueil, carton,
tablette de médailles, &c.

Art. 101.

Ils ne communiquent aucun objet que par l'ordre des
conservateurs.

Art. 102.

Après chaque séance, ils remettent en place les livres
et autres objets communiqués aux travailleurs.

Art. 103.

Indépendamment du service public, ils sont chargés de surveiller les travaux des garçons de service.

CHAPITRE II.

CONDITIONS POUR ARRIVER AUX PLACES D'AUXILIAIRES ET D'EMPLOYÉS.

Art. 104.

Conformément à l'article 7 de l'ordonnance, portant que les « conservateurs présentent un certain nombre d'em-
« ployés en qualité de *surnuméraires*, lesquels, après
« les épreuves *convenables*, sont nommés *auxiliaires* ;
« puis, à la suite d'un concours établi entre eux, appe-
« lés au titre *d'employés* », l'examen des surnuméraires qui doivent passer auxiliaires est fait par les conservateurs du département auquel ils doivent appartenir. Le résultat de l'examen est mis sous les yeux du conservatoire.

Art. 105.

Pour tous les départements, excepté pour celui des estampes, cartes et plans, la connaissance des langues anciennes est la première condition exigée.

Indépendamment de cette condition commune, les surnuméraires, selon le département auquel ils se destinent, auront à satisfaire à d'autres conditions spéciales.

Art. 106.

Pour le département des manuscrits, ils doivent être versés dans la lecture des manuscrits qui dépendent de la section à laquelle ils veulent être attachés.

Art. 107.

Pour le département des médailles, ils doivent avoir une connaissance suffisante de la disposition du cabinet et s'être exercés à lire les légendes des médailles ; ils doivent être en état de classer les médailles et les autres monuments selon leur époque et leurs sujets.

Art. 108.

Pour le département des imprimés, ils sont examinés sur la bibliographie ; ils doivent bien connaître la distribution matérielle du département. La connaissance des langues modernes est un motif de préférence, ainsi que le zèle et la ponctualité qu'ils ont montrés dans leurs fonctions de surnuméraires.

Art. 109.

Pour le département des estampes, cartes et plans,

Dans la section des estampes, ils sont interrogés sur l'histoire de la gravure, et principalement sur la connaissance matérielle des estampes, sur l'art de distinguer les maîtres ;

Dans la section des cartes géographiques et plans, 1° sur la géographie générale, 2° sur le classement auquel sont assujetties les collections de cette section.

Art. 110.

Quant au concours entre les auxiliaires pour les places d'employés, il consiste dans un certain nombre de questions choisies par les conservateurs et sur lesquelles les candidats répondent, soit verbalement, soit par écrit. Elles roulent sur les connaissances scientifiques relatives au département auquel les auxiliaires sont attachés. Le concours a lieu devant le conservatoire.

TITRE IV.

DES GARÇONS DE SERVICE ET PORTIERS.

CHAPITRE PREMIER.

DES GARÇONS DE SERVICE.

ART. 111.

Les garçons de service sont chargés, sous les ordres des conservateurs et sous la surveillance des employés, de tous les soins et travaux relatifs à la propreté dans les divers départements auxquels ils sont attachés.

ART. 112.

Néanmoins ils sont tenus de concourir indistinctement, lorsque le cas l'exige, au service général de l'établissement.

ART. 113.

Ceux du département des antiques ne vaquent à leurs travaux qu'en présence d'un conservateur ou d'un employé.

ART. 114.

Tous les garçons de service se rendent à leur poste tous les jours, et ils y restent pendant toute la durée de la séance.

Art. 115.

Après la clôture, ils travaillent aux opérations de rangement, de mise en place et de mouvement quelconque qu'exige le besoin du service, et cela durant tout le temps jugé nécessaire par les conservateurs.

Art. 116.

Il leur est défendu de recevoir aucune gratification des personnes que la curiosité ou l'amour de l'étude attire à la bibliothèque. Toute infraction à cet égard pourrait être suivie de la révocation.

Art. 117.

Il y a un chef de service, qui pourra être pris parmi les garçons, et qui, en cette qualité, porte un double galon sur chaque manche de son habit de livrée; il reçoit un traitement supérieur à celui des autres garçons de service, et il est logé dans l'enceinte de l'établissement.

Art. 118.

Le chef de service est chargé de la surveillance des cours, vestibules, escaliers et autres lieux non fermés. Il y fait une ronde trois fois par jour, savoir, à sept heures du matin en hiver, à cinq heures en été, à la nuit tombante et à minuit, pour s'assurer que tout est dans l'ordre, que les portes sont bien closes, et que rien ne fait craindre pour la sûreté de l'établissement.

Art. 119.

Il veille à ce que l'éclairage soit bien fait, et à ce que le frottage et le balayage soient régulièrement exécutés; et il exerce généralement sa surveillance sur le service des garçons de salle et des portiers.

ART. 120.

Il surveille le réservoir de la grande cour et celui qui est placé dans le local occupé par la section des cartes géographiques et plans; il s'assure qu'ils renferment une quantité d'eau suffisante, soit pour les besoins de l'établissement, soit pour les secours en cas d'incendie.

ART. 121.

Tous les matins, avant dix heures, le chef de service se rend chez le directeur, ou, en cas d'empêchement de celui-ci, chez le vice-président, pour recevoir ses ordres.

ART. 122.

Pendant les séances du conservatoire, il se tient à portée de recevoir des ordres et de les transmettre à qui de droit.

ART. 123.

Un des garçons de service est chargé de toutes les commissions nécessaires pour l'établissement.

ART. 124.

Les menues dépenses pour achat de balais, cire à parquet, linge, etc., sont faites par le chef de service, d'après l'usage suivi à cet égard.

CHAPITRE II.

PORTIERS.

ART. 125.

La porte royale, rue de Richelieu, étant destinée au service public, est ouverte tous les jours avant dix heures du matin jusqu'à trois heures, en toute saison.

ART. 126.

Les dimanches et fêtes elle est fermée toute la journée.

ART. 127.

Le gardien de cette porte se tient en dehors de son logement, depuis l'ouverture de la bibliothèque jusqu'à la clôture.

ART. 128.

Il surveille attentivement les personnes qui entrent et qui sortent, et, en aucun temps, il ne laisse sortir ni livre, ni carton, ni aucun autre objet sans un *laissez passer* signé d'un conservateur. Il garde ces *laissez passer*, et il les remet le soir au conservateur qui les a délivrés.

ART. 129.

Il fait déposer à la porte armes, cannes et parapluies,

et ne reçoit aucune rétribution pour la garde de ces objets.

Toute infraction à cet égard pourrait être suivie de la révocation.

Art. 130.

La porte sur la rue Neuve-des-Petits-Champs est fermée tous les jours pendant toute la journée.

Art. 131.

Après minuit elle est fermée à la grosse clef.

Art. 132.

Le portier de la maison rue Colbert surveille les personnes qui entrent au cabinet des médailles ou qui en sortent ; il exige un *laissez passer* de celles qui portent un livre, un carton ou un objet quelconque.

Art. 133.

La porte intérieure, qui communique de la cour du petit hôtel avec le bâtiment de la bibliothèque, est fermée tous les jours pendant toute la journée. Les conservateurs, les conservateurs-adjoints et les employés logés dans l'établissement en ont seuls la clef. Les conservateurs seuls ont la clef de la double serrure de cette porte.

Art. 134.

Pendant toute la durée du service public, le chef de service, les garçons, les portiers sont tenus de porter la livrée qui leur est assignée.

ART. 135.

Le présent règlement sera adressé au conservatoire de la bibliothèque royale, pour recevoir son exécution à compter de ce jour.

Paris, le 26 mars 1833.

Signé GUIZOT.

IMPRIMERIE ROYALE. — Avril 1833.

Ordonn. du roi, du 14 Novembre 1832, portant,

1° que M. Charles Magnin, employé au dept. des imprimés de la Bg. roy. est nommé conserv. adt. dud. dept.

2° que M. Hase, cons. adjt au dept. des Mss., est nommé cons. dud. dept.

3° que M. Letronne, membre de l'Institut, est nommé cons. de la Section des antiques et pierres gravées du dept. des médailles et antiques.

Bulletin des Lois IXe Série. 1832. T.5 p.4.

EXTRAIT
DU RÈGLEMENT

DE LA BIBLIOTHÈQUE ROYALE,

ARRÊTÉ PAR LE MINISTRE DE L'INSTRUCTION PUBLIQUE,

LE 26 MARS 1833.

TITRE II.

SERVICE PUBLIC.

CHAPITRE PREMIER.

DISPOSITIONS GÉNÉRALES.

Art. 33.

Le service public de la Bibliothèque royale comprend :
1° La lecture et l'étude à l'intérieur ;
2° Le prêt au dehors ;
3° La visite dans un but de curiosité.

1.

Art. 34.

Tous les jours, excepté les dimanches et fêtes, la Bibliothèque est ouverte pour l'étude, de dix heures à trois
heures, en toute saison.

Art. 35.

La conservation et la bonne tenue des objets qui forment les quatre départements de la Bibliothèque exigeant
des soins particuliers et des travaux intérieurs incompa-
tibles avec le service public, il est pris un temps, à deux
époques de l'année, pour faire une revue générale des
objets, pour battre, épousseter les livres, intercaler les
nouvelles acquisitions, recoller les estampes, etc. En con-
séquence, la Bibliothèque est fermée : 1° pendant la quin-
zaine de Pâques; 2° depuis le 1er septembre jusqu'au
15 octobre inclusivement.

Art. 36.

Dans les départements où le public n'est pas admis
indistinctement les jours consacrés au travail, les membres
des deux Chambres et ceux de l'Institut sont admis en se
faisant connaître.

Art. 37.

Dans chaque département il sera établi, à mesure que
les localités le permettront, une salle d'étude où les tra
vailleurs seuls seront admis.

Art. 38.

Les objets dont se compose chaque département ne
seront communiqués que dans cette salle.

(3)

Art. 39.

Les personnes admises les jours de travail ne doivent ni se promener, ni causer, ni rien faire qui puisse distraire les travailleurs.

Art. 40.

Il leur est interdit de prendre elles-mêmes dans les armoires, tablettes ou portefeuilles, les objets qu'elles désirent avoir, et d'en faire la recherche dans les catalogues, inventaires ou bulletins.

Art. 41.

Il est également interdit de prendre les objets déposés sur les bureaux des conservateurs ou des employés.

Art. 42.

Une demi-heure avant la clôture, on ne communique plus rien.

Art. 43.

Les travailleurs sont tenus de placer le papier sur lequel ils écrivent ou dessinent, à côté du manuscrit, du livre ou du portefeuille qui leur est communiqué.

Art. 44.

Personne ne sort de la Bibliothèque avec un livre, un cahier de croquis ou un portefeuille, sans avoir pris un *laissez passer*, qu'on délivre après s'être assuré qu'ils ne contiennent rien qui appartienne à l'un des dépôts.

1.

ART. 45.

On n'entre point dans les salles avec de la lumière, excepté dans le cas où la sûreté de l'établissement pourrait être compromise.

CHAPITRE II.

LECTURE ET ÉTUDE À L'INTÉRIEUR.

§ 1. *Imprimés.*

ART. 46.

La *salle de lecture* contient un choix d'ouvrages, qui comprend les dictionnaires de toute espèce; les meilleures éditions et traductions des auteurs classiques anciens et modernes; les traités élémentaires et généraux de toutes les sciences; les œuvres complètes des principaux polygraphes dans toutes les langues; les meilleurs ouvrages d'histoire ancienne et moderne, générale et particulière; les principaux voyages dans les diverses parties du monde; les collections académiques, les meilleurs recueils périodiques littéraires et scientifiques, français et étrangers.

ART. 47.

Les romans, les pièces de théâtre détachées, les ouvrages de littérature légère ou frivole, les brochures politiques ou de circonstance ne font point partie de la bibliothèque de la salle de lecture. On ne communique ces ouvrages qu'à ceux qui les demandent pour un travail litttéraire ou historique dont ils indiquent l'objet aux conservateurs.

Art. 48.

Les enfans au-dessous de 15 ans sont admis dans la salle de lecture en produisant un bulletin portant leur nom et leur adresse, délivré et signé soit par un de leurs parents, soit par un chef d'établissement d'instruction publique, qui garantissent que les livres peuvent être communiqués avec confiance.

Art. 49.

Les jeunes gens entre 15 et 20 ans sont admis avec un bulletin du même genre, ou seulement avec leur carte d'admission à quelque école spéciale.

Art. 50.

A l'entrée de la salle de lecture, est un bureau où chacun, après avoir consulté le conservateur s'il le juge nécessaire, est tenu d'écrire sur un feuillet de papier tout préparé, un bulletin portant son nom, son adresse et le livre qu'il désire.

Art. 51.

Ce bulletin numéroté est gardé par le conservateur, et n'est remis au lecteur que quand celui-ci rapporte le livre au bureau, et après vérification faite de l'état dans lequel il le rend.

Art. 52.

En sortant de la salle, on remet au gardien de la porte le bulletin qui a été rendu, ce qui garantit que les livres prêtés ont été remis au bureau du conservateur.

Art. 53.

En règle générale, on ne communique qu'un ouvrage à la fois; les conservateurs sont juges des cas d'exception.

Art. 54.

Des tables particulières sont affectées à la lecture des livres à figures, rares et précieux. Sur cette table l'usage de l'encre est interdit. Les extraits de textes ou les copies de gravures ne peuvent se faire qu'au crayon et sans l'emploi de la mie de pain.

Art. 55.

D'autres tables particulières sont affectées à la lecture des recueils périodiques, des journaux littéraires et scientifiques.

Art. 56.

Lorsqu'un livre demandé n'est point dans la salle de lecture, les conservateurs font passer le bulletin au conservateur-adjoint ou à l'employé chargé de la partie de la Bibliothèque dans laquelle l'ouvrage doit se trouver.

Art. 57.

Un quart d'heure avant la clôture, tous les employés répartis entre les diverses sections du département des imprimés se réunissent dans la salle de lecture autour du bureau des conservateurs, pour les aider dans la remise des bulletins et la vérification de l'état des livres rendus.

§ II. *Manuscrits.*

ART. 58.

A moins d'une autorisation expresse accordée par le ministre de l'instruction publique, de l'avis du conservatoire, nul manuscrit ne pourra être consulté que sur place et, si le cas l'exige, en la présence d'un des conservateurs ou d'un employé désigné par lui.

ART. 59.

Les employés n'ouvrent aucune armoire sans l'autorisation des conservateurs.

ART. 60.

Le calque et l'emploi des couleurs sont interdits sans exception.

ART. 61.

Les manuscrits de la Bibliothèque royale étant la propriété de l'État, qui s'est réservé les droits assurés par le décret du 1er germinal an XIII aux propriétaires d'ouvrages posthumes, nul ne peut copier, publier, ni faire imprimer aucun des manuscrits sans une autorisation expresse du Gouvernement.

Ceux qui voudront obtenir cette autorisation adresseront leur demande au conservatoire, qui la transmettra, avec son avis, au ministre de l'instruction publique.

ART. 62.

Pour les extraits d'un manuscrit, ou la copie de quelques portions ou passages seulement, il suffira de l'autorisation des conservateurs, qui pourront, s'ils le jugent à propos, en référer au conservatoire.

§ III. *Médailles*, etc.

ART. 63.

Les jours de travail, le cabinet est ouvert pour les personnes qui auraient à y faire des recherches ou des études spéciales. Pour y être admises, elles adressent, la veille, à l'un des conservateurs, un bulletin portant leur nom, leur adresse, et l'indication de la classe de monuments qu'elles veulent consulter. Ce bulletin est déposé au cabinet, et le lendemain ces personnes sont admises en présentant un bulletin semblable à celui qu'elles ont adressé la veille.

ART. 64.

Les médailles, pierres gravées et autres objets faisant partie du cabinet, ne sont communiqués qu'en présence et sous l'inspection d'un conservateur ou d'un employé.

ART. 65.

On ne communique à la fois qu'une seule tablette de médailles, et, autant que possible, qu'un seul des autres objets de la collection.

ART. 66.

Aucune des personnes attachées au département ne peut copier ou faire copier, dessiner ou mouler les objets qu'il contient sans l'agrément des conservateurs, qui en réfèreront, s'ils le jugent à propos, au conservatoire.

§ IV. *Estampes, Cartes et plans.*

SECTION DES ESTAMPES.

ART. 67.

On n'est admis, les jours de travail, qu'au moyen d'une carte délivrée par le conservateur.

ART. 68.

Celui qui désire obtenir cette carte en fait la demande par écrit, en indiquant son nom, son adresse, le genre d'étude auquel il se livre, ou l'artiste dont il fréquente l'atelier.

Les noms des personnes qui l'ont obtenue sont inscrits sur un registre particulier.

Les cartes sont personnelles : elles seront retirées à celui qui les prêterait ou qui ferait un mauvais usage des objets communiqués.

ART. 69.

Il est expressément interdit de calquer.

L'usage de l'encre et des couleurs est également interdit.

ART. 70.

On ne communique aucune collection de gravures avant qu'elle ait été assemblée et reliée.

SECTION DES CARTES GÉOGRAPHIQUES ET PLANS.

ART. 71.

Le public est admis librement dans les salles pour consulter les cartes, plans et collections géographiques.

ART. 72.

Les travailleurs peuvent être admis à calquer avec l'autorisation du conservateur, à la condition de se servir du crayon et de n'employer que du papier végétal, à la gélatine ou de glace, et non du papier gras ou huilé.

ART. 73.

Il est interdit de placer le compas sur les cartes géographiques.

CHAPITRE III.

PRÊT AU DEHORS.

ART. 74.

On ne prête au dehors aucun des objets appartenant aux départements des médailles, et des estampes, cartes et plans.

ART. 75.

Dans le département des manuscrits, on ne prête aucun de ceux qui sont remarquables par leur ancienneté, leur importance ou leur rareté.

ART. 76.

Dans le département des imprimés, les ouvrages formant la bibliothèque de la salle de lecture, les livres rares, de luxe ou à figures, les éditions du quinzième siècle, les livres sur vélin ou sur grand papier, ceux dont les reliures sont précieuses ou remarquables, les collections ou parties de collections considérables, ne sont jamais prêtés au dehors.

Art. 77.

Les journaux littéraires et scientifiques ne sont prêtés qu'après avoir été réunis par volume ou par année, et reliés.

Art. 78.

Aucun livre, journal ou pièce de musique n'est prêté avant d'avoir été estampillé, et, sauf de rares exceptions dont les conservateurs sont juges, avant d'avoir été inscrit au catalogue.

Art. 79.

Les objets des départements où le prêt est permis ne sont prêtés qu'à des personnes d'une solvabilité notoire, connues pour se livrer à des travaux utiles, et qui, présentées par les conservateurs et agréées par le conservatoire, ont été inscrites sur un registre particulier, avec indication de leurs nom, profession et demeure.

Art. 80.

Tout ouvrage imprimé ou manuscrit prêté est inscrit sur deux registres, disposés par ordre alphabétique, l'un pour les noms des auteurs ou les titres d'ouvrages, l'autre pour les noms des emprunteurs.

Art. 81.

Les conservateurs détermineront le temps pendant lequel les livres ou les manuscrits seront prêtés. Il en est fait mention sur le registre à l'article du prêt.

Art. 82.

Les conservateurs ont toujours le droit de les faire rentrer sur-le-champ, quand l'intérêt de la science ou du service l'exige, sauf à les prêter de nouveau. Quiconque ne répondrait pas à leur appel serait privé de l'avantage du prêt pendant un temps plus ou moins long, au jugement du conservatoire.

ART. 83.

Les personnes inscrites sur le registre, qui désirent emprunter un livre, remettent la veille, dans une boîte destinée à cet usage, un bulletin portant leur nom, leur adresse, et le titre de l'ouvrage qu'elles demandent. Le lendemain, les livres sont remis, soit à l'emprunteur, qui signe le registre, soit à un tiers, qu'il aura autorisé par écrit à signer le récépissé pour lui; leur bulletin reste déposé comme pièce justificative pour être rendu lorsqu'on rapporte l'ouvrage, et après vérification faite de l'état de conservation de cet ouvrage.

ART. 84.

Ceux qui ne peuvent rendre les livres qui leur ont été prêtés, ou qui ne les rendent qu'en mauvais état, sont tenus de les remplacer à leurs frais.

ART. 85.

Les savants étrangers, pendant leur séjour à Paris, ne peuvent emprunter ni livres ni manuscrits que sous la caution formelle et par écrit de l'ambassadeur, du ministre ou du consul du pays auquel ils appartiennent, ou d'après une recommandation expresse du ministre des affaires étrangères.

ART. 86.

Il n'est prêté à la même personne qu'un seul volume manuscrit à la fois. Les conservateurs du département des manuscrits sont juges des cas d'exception.

Art. 87.

Tous les manuscrits, sans exception, prêtés, et depuis quelque époque qu'ils l'aient été, doivent être remis, ou au moins représentés, chaque année, pour l'époque des vacances, c'est-à-dire avant le 1ᵉʳ septembre.

Art. 88.

Toutes les personnes attachées à la Bibliothèque royale sont également soumises aux dispositions qui règlent le prêt au dehors.

CHAPITRE IV.

VISITE DES COLLECTIONS DANS UN BUT DE CURIOSITÉ.

Art. 89.

Le public est admis indistinctement à visiter les collections le mardi et le vendredi de chaque semaine.

Art. 90.

Il n'est point admis dans les salles d'étude, exclusivement destinées aux travailleurs.

Art. 91.

Dans les salles où il est admis, on n'ouvre aucune armoire, on ne communique aucun des objets qu'elles contiennent.

Art. 92.

On empêche qu'il ne se forme devant les armoires ou les montres vitrées aucun rassemblement qui puisse en interdire la vue au reste du public, ou favoriser de mauvaises intentions.

Art. 93.

Dans le département des estampes, jusqu'à ce que le local permette d'y établir une salle où sera exposée une suite des plus belles gravures rangées par ordre chronologique, et formant une histoire de l'art, et en outre, une salle d'étude où les travailleurs seuls seront admis, on continuera de communiquer aux curieux, les jours publics, les portefeuilles et collections que possède le département.

IMPRIMERIE ROYALE. —Avril 1833.